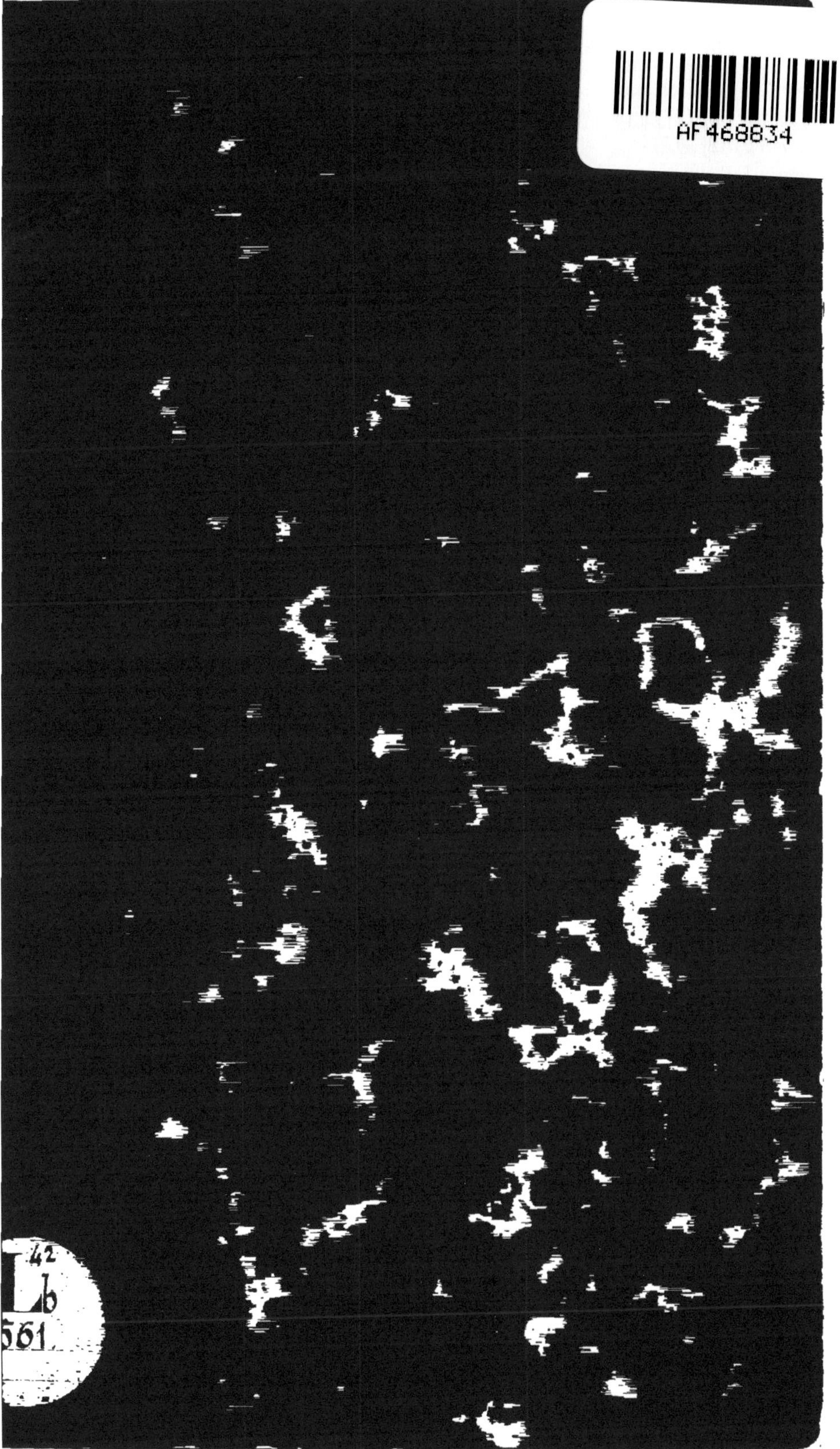

RICHER-SERISY

AU

DIRECTOIRE.

Quelle société, grand Dieu ! que cet assemblage monstrueux de tyrans et d'esclaves, de lâches et de furieux, de bourreaux et de victimes ; où des lois barbares enchaînent l'univers ; où tous les droits de l'humanité sont anéantis ; où le crime, levant son front audacieux, tient la vérité enchaînée à son char de triomphe ; où il ne reste à l'homme vertueux d'autre bien à espérer que le bonheur et la gloire d'en être séparé.

ROUSSEAU.

PRIX, 3 livres.

ROUEN.

L'AN VI. FLORÉAL.

RICHER-SERISY AU DIRECTOIRE.

JE suis libre enfin, j'ai brisé les barreaux de ma prison ; au défaut de mes bras, je les aurois rongés avec les dents.... Je suis libre !... Des chaînes, des tortures, des prisons, des bourreaux, voilà donc, depuis huit ans, le cortège éternel, l'épouvantable cortège de l'homme de bien !... O Providence ! qui peut t'absoudre ?... Je suis libre enfin, respirons.

Mais la France entière n'est-elle point un vaste cachot ? et sur ce sol de trente mille lieues quarrées, souillé par vingt-cinq millions d'esclaves et par cent mille tyrans, trouverai-je une pierre, une seule pierre pour reposer un moment mes inexprimables douleurs ?

Trouverai-je un homme dépositaire de mes pensées, assez courageux pour les transmettre à mes concitoyens ? Environné de pièges, d'espions, d'argus, inquiet et distrait tout ensemble, ne dois-je pas craindre qu'au moment où je tracerai cet écrit informe et sans ordre, qu'à peine j'ai le tems de relire, et encore moins de corriger, ne dois-je pas craindre que des brigands à main armée.... La tyrannie n'est plus à charge, si l'on peut d'un seul pas s'élancer vers la Liberté; qu'ils viennent, je ne leur rendrai qu'un cadavre, et je serai libre encore.

Me voici donc proscrit, errant, solitaire, marchant à la lueur des étoiles comme un vil assassin! me voici donc délaissé, sans appui, sans asyle, sans fortune, détaché de ma patrie par tous les liens extérieurs, n'y tenant plus que par ma conscience; de ma patrie! dont j'ai constamment voulu le bonheur, dont j'ai constamment suivi les lois; pour laquelle, plutôt que de me séparer d'elle, criblé de persécutions, j'ai bravé pendant huit ans, et les massacres de Septembre, et les sanglans cachots de Roberspierre, et tous les genres de tourmens que versoient par torrens sur moi la haine des factions diverses.

Irai-je aujourd'hui, quand l'Europe s'écroule, mendier un asyle à travers ses débris?

Essuyer le mépris qu'à l'abri du danger
L'orgueilleux citoyen prodigue à l'étranger?

Quel lieu n'est point inondé de sang et de larmes? quel lieu où la voix, la voix plaintive! de l'humanité en souffrance ne se fasse entendre ? quelle retraite inaccessible où la main dévorante de la révolution ne m'aille atteindre ? Irai-je en Suisse pleurer sur les cadavres qui jonchent aujourd'hui ses montagnes et les plaines de Morat ? insulter à ce gouvernement qui n'est plus, ce gouvernement sacrilège qui, brisant l'autel et les dieux hospitaliers que je tenois embrassés, me livra à mes persécuteurs, s'avilit pour leur complaire, aux fonctions de bourreau ; et par cette action impie, qui jeta l'effroi dans l'ordre social, les fit succomber à-la-fois sous le poids du mépris et sous celui de nos armes ?

Irai-je, précurseur de l'orage, sous le beau ciel de l'Espagne ou de Naples ? Mais bientôt, fuyant au fracas de deux trônes brisés, je verrai les têtes découronnées, et de Charles et de Ferdinand, rouler sanglantes près de celle de Louis ; et dans le même jour disparoître cette maison de Bourbon, que jalousoit l'imprudente Europe, et qui partageoit le sceptre de la mer avec l'Anglais, impatient de cette rivalité (1) ? me faudra-

(1) Si l'avenir réalise mes craintes, ce ne sera pas un des événemens le moins remarquable de cette révolution, que de voir la France se disant république, seconder naïvement les vœux de l'Autriche et de l'Angleterre. Je m'explique : l'épée de François I.er et de Henri IV,

t-il enfin ; n'ayant plus le choix des moyens, contraint d'opter entre l'exil ou la mort, me réfugier chez un peuple ennemi, où je trouverois sans doute dans son inébranlable constitution une égide contre la haine ministérielle de M. Pitt que j'ai provoqué dans mes écrits, et les fureurs démagogiques de M. Fox ; mais où je serois plus malheureux mille fois, pour mon cœur patriote, par l'asyle qu'on m'offriroit à Londres, que par les tourmens qui m'attendent en France ?

Hé pourquoi fuirois-je de ma patrie ? Quoi ! né pour elle, je mourrois ailleurs que dans son sein ? ne suis-je plus citoyen français ? dans la proscription qui me frappe, ai-je jamais mérité d'en perdre le titre auguste et cher ? Si l'on vit Aristide et Thémistocle exilés d'Athènes, c'est que la volonté immédiate du peuple s'étoit hautement manifestée : il leur avoit enjoint, ce peuple léger et cruel, de porter ailleurs des vertus dont l'éclat dangereux lui fascinoit les yeux : je n'ai avec ces grands hommes que la triste ressemblance du

---

préserva l'Europe de la monarchie universelle que vouloient usurper Charles-Quint et Philippe second ; et le lord Chatam, père de M. Pitt, disoit, il y a cinquante ans, dans une séance du parlement, que jamais l'Angleterre n'auroit la suprématie des mers, tant que la maison de Bourbon occuperoit trois trônes sur le Continent.

malheur ; mais dumoins, ni la volonté du peuple, ni la constitution, ni les lois violées sans cesse, en les invoquant toujours, n'ont prononcé sur mon sort; aucun jugement ne m'a flétri; vous pouvez m'enchaîner par tous les liens de cette vie, vous ne me tenez ni par ma vertu, ni par mon courage : indépendant de l'oppresseur, il me reste tout entier; ma conscience, mon cœur, tout mon être me crie que je suis un homme libre, que je suis innocent, et que j'ai le droit de réclamer des juges. Ces nobles sentimens ne pourroient déplaire à Néron même.

Hé ! prêt à m'exiler moi-même, un intérêt non moins cher viendroit encore arrêter mes pas. J'entends les gémissemens de mes nombreux compagnons d'infortune, qui s'exhalent des voûtes sépulchrales qui les renferment; ils me tendent leurs bras desséchés par la douleur et la misère ; ils me crient : « Et vous aussi vous nous abandonnez ! et lorsqu'un hasard heureux ou votre adresse vous favorise, il ne s'élevera pas une voix qui prenne notre défense ! »

O mes amis! mes malheureux amis ! n'en doutez pas, je remplirai ce devoir si précieux pour mon cœur ; mais qui voudra m'entendre ? quelle assistance implorer ? quelle voix assez forte, quelles expressions assez énergiques, quel sentiment de douleur assez vif pour exposer votre innocence et vos tourmens ? devant qui porter cette cause sacrée ?

Sera-ce devant le peuple français ? Vous avez vu ce peuple sur les routes qui vous conduisent par troupeaux en exil, baigner de larmes stériles vos mains chargées de fer ! et ce peuple français frissonne prosterné ! Sera-ce devant le corps législatif, qui rendit, avec la promptitude de l'éclair, ce décret terrible, comme la foudre qui frappe également le chêne et le roseau, l'innocent et le coupable ? Ces étranges législateurs souriront à vos douleurs ; leur devoir maintenant est d'obéir : *ruunt ad servitutem*.

Sera-ce devant les cinq hommes qui balancent aujourd'hui les destins de la France et du monde ?.... Oui, sans doute, il me suffit de voir qu'ils sont tous puissans, pour penser qu'ils seront généreux. Généreux !.... Pardonnez, lecteur, je suis foible ; j'ignore si je pourrai donner à mon style la même fermeté que ces infortunés portent de résignation dans leurs malheurs : non, je ne ferai point de prières qui les déshonorent, ils me désavoueroient ; mais au souvenir de leurs misères mon cœur insensiblement s'amollit, et quand l'indignation qu'inspirent l'injustice et la cruauté est prête à se précipiter de ma plume par torrens, je m'arrête éperdu et j'implore à genoux leurs bourreaux.

Non, vous n'avez pas vu comme moi cette foule de victimes innocentes, accablées sous les douleurs de l'âme et du corps, attachées deux à deux, entassées sur des charrettes, et traînées chaque jour de toutes les parties de la France à Rochefort, pour aller de là souffrir et mourir sous le ciel impur de Cayenne! Transportez-vous avec moi, par la pensée, dans les cachots qui s'entr'ouvrent pour les recevoir.

Des salles humides de cinquante pieds quarrés contiennent chacune deux cents de ces infortunés, et ce nombre s'accroît à tous les instans: c'est là que sont renfermés tous les âges de la vie, depuis l'adolescence jusqu'à la caduque vieillesse. Un matelas d'étoupe de deux pieds de large, jeté à terre, sans couverture, sans draps, dont le nombre n'est pas complet encore pour le nombre des victimes, doit suffire à trois malheureux. Point de tables, point de chaises; c'est sur la terre humide qu'il faut s'asseoir pour reposer leurs membres endoloris. Quatre énormes baquets placés aux coins de la salle, destinés à recevoir les immondices, et que chacun doit vuider à son tour, remplissent l'athmosphère de miasmes pestilentiels.

C'est dans cet horrible lieu que l'innocence respire: c'est là que, pour ne point étouffer entièrement, ces infortunés se pressent vers la fenêtre et les barreaux qui les repoussent. Ne croyez pas que cette douceur leur soit permise encore ; les sentinelles qui veillent dans les cours tirent sur le téméraire qui ose avancer la tête, et la balle homicide frappa, il y a deux mois, un prêtre infirme et sexagenaire.

Onze heures sonnent, les portes de la prison s'ouvrent ; voici les alimens qu'on leur prépare : des Calfatres à moitié ivres, portent dans des seaux de bois, du biscuit de mer, délayé avec une eau tiède et grasse ; une livre de pain noir et dur, de la chair de vache à moitié cuite, traînée dans la boue, divisée en autant d'onces qu'il y a de prisonniers, c'est là le repas de vingt-quatre heures : demain on leur en jettera autant..... Vous frémissez ? hé bien ! connoissez l'inaltérable patience de ces victimes et leur auguste résignation.

Je les ai vus à l'arrivée de ces infects alimens, j'ai vu les prêtres tomber à genoux, les bénir et prier : ce spectacle qui se renouvelle chaque jour, à tous les instans où la religion leur prescrit ces devoirs ; cet amalgame de sanglots et de prières qui le soir, le matin, dans le silence de la nuit, retentissent sous ces voûtes lugubres, le bruit des verroux, le lourd roulement des portes, la voix rogue du geolier qui s'y unissoit par intervalle ; et sous le même aspect, la violette et le premier bourgeon du printems que je voyois croître, s'unir, s'entrelasser aux barreaux, dans un petit jardin situé près des cachots; l'oiseau qui venoit sous la feuillée naissante chanter sa liberté et ses plaisirs devant l'homme chargé de fers et dans les larmes; ce tableau de la vie et de la mort, de la servitude et de la liberté, du bonheur et du désespoir, cette nature bienfaisante qui dispense également ses dons dans les prisons de Rochefort, comme dans les bosquets du palais Luxembourg; tout offroit au cœur et aux yeux les plus douloureux contrastes.

Si parmi ces infortunés il en est quelques-uns qui succombent sous le poids de leurs maux, et si mourans ils implorent des secours; avant qu'ils puissent parvenir jusqu'à eux; que l'ordre soit donné, il se passe un si long intervalle, que la mort pourroit les frapper vingt fois: l'ordre arrive enfin; le médecin se présente; mais cet homme instruit dans l'art de meurtrir les âmes, cet homme de fer, maigre et dur comme les barreaux de la prison, ce monstre incapable de pudeur et de pitié, qui a transformé son art honorable et bienfaisant dans le métier d'assassin, vient joindre la raillerie à leurs douleurs, parcourt en deux secondes, au milieu des gémissemens, ce dépôt de toutes les misères humaines: c'est lorsque le râle de la mort est sur les lèvres qu'il accorde le lit de l'hôpital. Vous souffrez, dit-il à l'un, la gangrène menace cette jambe? L'air de Cayenne vous fera du bien; vous vomissez le sang? dit-il à l'autre; la déportation vous est nécessaire; la fièvre vous dévore? Patientez, le vaisseau est prêt, vous partirez sous deux jours; et si par hasard il s'humanise à leur tâter le poulx, sa figure et ses gestes convulsifs annoncent le plaisir qu'il ressentiroit à briser leurs os sous ses mains.

Alors ils expirent ces malheureux qui attendoient des secours et des consolations; ils meurent dans les horreurs d'une longue agonie, avec l'épouvantable idée qu'ils vont laisser une famille malheureuse, une mémoire compromise; que leurs cendres dédaignées, jetées dans un coin, seront privées des derniers tributs payés par la tendresse; que leurs amis, leurs enfans, leurs épouses, abusés long-temps, feront long-temps des vœux pour leur délivrance, lorsque le chirurgien *Vives* depuis long-temps rira sur leurs tombeaux.

S'il est encore quelques-uns de ces infortunés qui aient dérobé des débris de leur fortune; s'ils paient la livre d'air et des alimens plus sains au poids de l'or; un moment il s'établit un tarif de tortures, ils sentent un moment leurs maux soulagés; mais les ressources s'épuisent, la tiède charité se refroidit; et minés par une longue captivité, ils arriveront au lieu de leur exil nuds et dépouillés de leurs derniers moyens.

Vous êtes loin de soupçonner encore que les valets de l'autorité, ces fiers républicains, ces ennemis mortels de la tyrannie, oubliant qu'ils sont les instrumens passifs et criminels d'une violence arbitraire; que les victimes qu'on leur donne à torturer sont innocentes; qu'un supplice honteux seroit le prix de leur homicide condescendance, si la constitution prenoit vigueur, trouvent cependant de la jouissance ou du profit à rendre plus cruel encore ce régime infernal; que dans la crainte de perdre une place qui a tant d'aspirans, ou pareils à ces chiens fidels qui espèrent un os à ronger, ils font leur cour avec les douleurs du juste, trouvent des charmes à être féroces, quand leurs maîtres, je le crois du moins, n'exigent d'eux que d'être esclaves et soumis.

C'est dans cette fosse aux lions, dont l'espérance est bannie, qu'un déporté, c'est-à-dire un homme qui a déplu au gouvernement, à un agent municipal, à un secrétaire de commune, à un juge, à un fournisseur, à la fille qu'il entretient, à un de ses valets, c'est là que des prévenus d'émigration rayés provisoirement trois ou quatre fois, et au poids de l'or, sans cependant n'être jamais sortis de leur patrie, de leur ville, de leur maison peut-être ! c'est là que des ministres du culte catholique, de bons curés, de simples vicaires vieillis dans leur croyance, étrangers à toute espece d'idées politiques, dont les seuls torts sont dans une conscience timorée et incorruptible, se voient livrés sans ressources d'aucun genre, au sentiment le plus amer qui puisse déchirer un cœur que le crime n'a point avili; c'est là que l'innocence dans les convulsions du désespoir invoque en vain les lois, demande à grands cris qu'on lui dise enfin ses crimes ; prières, gémissemens, désespoir, tout est vain, l'île de Cayenne doit les dévorer, ils périront sur cette terre d'exil, l'irrévocable arrêt de leur déportation est un certificat de mort; autrement, gens humains, les eussiez-vous déportés !

Homme sensible qui lisez cette feuille en soupirant, vous croyez peut-être, lorsque j'affoiblis les teintes, que mon imagination effarouchée par de cruelles infortunes exagère encore ? Écoutez :

J'ai vu amener deux vieillards, le plus jeune avec un ulcère à la jambe, avoit soixante et seize ans; l'autre quatre-vingt-deux : ce dernier étoit sourd et aveugle : on les déportoit comme perturbateurs du repos public. Des gendarmes, ou plutôt des brigands (1) qui déshonorent leur habit et trafiquent sur les déportations, à défaut d'un louis que n'avoient pu leur donner ces deux vieillards, avoient garotté leurs bras décharnés et affoiblis par les ans ; de leurs yeux éteints je voyois une larme aride et tardive tomber sur leurs fers.

J'ai vu une femme de soixante et quinze ans (2) traînée de Bordeaux à Rochefort par une pluie abondante et glaciale ; elle arrivoit sans vêtemens, sans linge, sans pain, sans amis, sans aucun moyen d'existence ; la révolution avoit tout dévoré ; la malheureuse ! elle avoit survécu à sa famille, elle étoit seule au monde : son chien lui restoit, il étoit sur ses genoux, elle le pressoit dans ses bras ; ce pauvre animal, ce fidel ami du malheur lui rendoit ses caresses et sembloit partager ses misères ; quel barbare eût voulu les séparer ? hé bien ! ils lui ont tué son chien !

J'ai vu une famille entière de paysans dans le plus affreux dénuement, le père, les deux filles

---

(1) Mon accusation ne frappe point le corps de la gendarmerie ; si l'on y voit de grands scélérats, il s'y trouve beaucoup de braves militaires qui gémissent des fonctions auxquelles on les destine, et qui allient la probité et l'humanité aux rigueurs de leur métier.

(2) M.de de Marsac.

et deux garçons, ils avoient fui le couteau de Lebon; on les déportoit comme des citoyens dangereux.

J'ai vu des femmes, modèle unique de la tendresse conjugale, tenant leurs enfans à leurs mamelles taries par la douleur, et vivant de la charité publique, traverser la France pour suivre leurs maris dans l'exil.

J'ai vu dans les glaces de Janvier, Gibert-Desmolieres, représentant du peuple, déjà d'un âge avancé; on le traînoit de Paris à Rochefort sur une charrette. Cet homme de bien, calme dans son infortune, ne pleuroit que sur sa mère; sa mère! chargée d'années dont il étoit l'unique appui, sa mère qu'il idolatroit, dont jamais il ne s'étoit séparé, et qui mourra loin de son fils privée de ses secours et de ses derniers embrassemens.

Perlet, Jardin et Langlois l'accompagnoient. Langlois, cet intéressant jeune homme, recommandable par ses talens, ses vertus, son courage, avoit pu fuir pendant la route; des amis zélés l'attendoient à Rambouillet; il offrit à Gibert sa liberté. Hé! que deviendra ma mère, lui répond Gibert? je puis fuir, je le vois; mais les débris de ma fortune seront saisis, et ma mère périra de misère. Hé bien, dans ce combat généreux, Langlois consumé par une maladie de poitrine, vomissant le sang à gros bouillons, refuse les secours de l'amitié et partage le sort de Gibert : en l'emmenant avec moi je l'ai arraché à la mort et à ses bourreaux.

Enfin, et je ne puis tenir davantage cette lugubre palette qui deviendroit inépuisable. J'ai vu..... Mon cœur se serre, achevons : il étoit sept heures du soir, la prison s'ouvre, je vois un homme jeté transversalement sur un cheval, il étoit garotté de tous ses membres ; le gendarme qui l'accompagnoit disoit en criant au peuple saisi d'effroi, que le malheureux étoit un ivrogne qui ne pouvoit se soutenir. On le descend, on le porte au cachot, j'y pénètre ; je touche son front pâle et glacé, je lui fais respirer des sels, l'infortuné étoit déjà mort (1), et j'ai vu à la fin du dix-huitième siècle, dans ce siècle de l'humanité, j'ai vu ce soir-là même écrouer un cadavre ! ! !

Et dans le moment où j'épanche sur ces feuilles les tourmens de mon cœur brisé, j'apprends que le vaisseau vient de recevoir à fond de cale une

---

(1) Il y a trois mois que cet événement s'est passé ; ce malheureux étoit dans les prisons de Muron ou de Muren, commune à cinq lieues de Rochefort : le juge de paix qui a livré un mourant aux gendarmes pour le conduire à Rochefort, s'il est des lois, portera un jour la peine d'un semblable forfait.

partie de ces infortunés, au nombre de deux cent vingt; que, pressés, foulés, écrasés dans ce gouffre infect, la plupart dévorés par des maladies pestilentielles, n'arriveront pas au lieu de leur exil.

J'apprends qu'au moment où ils s'éloignoient du rivage, attaqué par les Anglais qui maîtrisent nos côtes; le vaisseau battu, démâté, faisant eau de toutes parts, contraint de se réfugier dans le port, les garde mourans dans ses flancs ruinés, et qu'un autre vaisseau, après un mois qu'ils ont passé dans cet abîme affreux, vient de les recevoir pour les déporter encore; ainsi rejetés par la France, repoussés une seconde fois par l'Anglais sur nos bords; agités, tourmentés comme les flots du terrible élément qui les portoit; peignez-vous le désespoir de ces malheureux, de revoir, de presser encore une fois les doux rivages de la patrie, pour s'en éloigner de nouveau.

Je vous atteste, je vous en prends à témoins, victimes chères et sacrées qui périrent sous Roberspierre : si au-delà du tombeau vos âmes vertueuses compatissent à nos misères; non, vous ne regrettez point la vie; le prompt supplice qui termina d'un seul coup vos tourmens, est moins affreux que ces tortures de l'âme, que ces angoisses, ces convulsions prolongées, cette agonie perpétuelle, qui éternisent les douleurs de la mort,

mort, sans en donner jamais le repos; encore quelque tems, Roberspierre paroîtra scrupuleux et sensible, car les hommes qui après neuf ans de révolution et d'expérience, exercent une pareille tyrannie, sont tout ensemble et plus criminels, et moins excusables.

Calvinistes, Luthériens, Théophilantropes, adorateurs de Mithra ou de Moyse, quelles que soient vos opinions religieuses et vos cultes divers, tous vous recommandent l'humanité, la miséricorde, l'amour de votre prochain, l'amour même de vos ennemis; c'est sur ces bases augustes que doivent s'élever les religions de la terre; et vous tous, ô mes concitoyens! il n'est pas un français qui dans la déportation arbitraire de ces infortunés ne voie bientôt la sienne; *hodie mihi, cras tibi.* Il n'est pas un français qui ne doive frissonner d'être demain contraint, au gré du caprice et de la calomnie, d'abandonner sa patrie, sa femme, ses enfans, sa fortune, tout ce qu'il a de cher au monde. Oubliez devant l'intérêt général, oubliez vos haînes et vos dissentimens mutuels; défendre ces malheureux, c'est plaider la cause de la nation entière: Généraux, Législateurs, Juges, Directeurs, tous les partis, tous les états doivent me donner une oreille attentive; votre conservation est inséparable de la leur, vous vous rendez responsables de ces mesures atroces à tous les siècles à venir, vous chargez vos têtes de l'horreur qu'inspireront à vos enfans ces actes arbitraires, par votre foiblesse à les souffrir.

DIRECTOIRE, c'est maintenant à vous que je m'adresse.

Si l'on vous disoit, à vous qui voulez municipaliser l'Europe, qu'au-delà des terres australes il existe une nation dont le gouvernement se croyant fondé en droit, dispose, en vertu d'un code, de la vie, de la liberté et des biens de ses sujets;

Si l'on vous disoit que beaucoup de ces malheureux sont à tout moment arrachés à leurs foyers, à leurs familles, à leur patrie, déjà dépeuplée par des guerres sanglantes et la perte de six millions d'hommes, pour aller au gré du caprice périr dans les cachots, ou se voir déporter dans des terres inconnues et sous un climat sauvage; ce gouvernement vous paroîtroit aussi insensé que rigoureux, mais certes vous croiriez les victimes criminelles :

Si l'on vous disoit que cette proscription tombe sur des hommes contre qui la haine et la vengeance ne peuvent même trouver le prétexte d'une procédure :

Si l'on vous disoit que ces hommes n'ont point

été jugés, n'ont point été interrogés, et qu'à peine on a daigné s'informer de leurs noms ;

Si l'on vous disoit que ces hommes sont innocens ; ils le sont, car l'innocence légale est toujours présumée ;

Si l'on vous disoit que c'est la nation qui se croit la plus libre, la plus sage, la plus éclairée, la plus valeureuse de l'univers, et qui veut lui donner ses lois, qui endure, ou qui permet de telles horreurs ;

Que c'est, les droits de l'homme à la main, en vertu d'une troisième constitution qui lui a coûté le sang d'une génération entière et la perte de tous ses trésors ;

Que c'est après une révolution de huit années, après la tyrannie la plus féroce qui ait pesé sur l'espèce humaine, que de pareilles atrocités s'exécutent ;

Si un pareil tableau se trouvoit dans les voyages de Bougainville, ou de l'amiral Anson, ne prendriez-vous pas le peintre pour un infame imposteur ? ne vous verroit-on pas vous écrier dans le pathos du jour : non, il n'y a que des tyrans, des rois, pour exercer un tel déspotisme, et des brutes pour le souffrir ! rallions nos armées, nos flottes ; courons, volons, et qu'il disparoisse devant la grande Nation ce despotisme, l'opprobre de l'espèce humaine.

N'allez pas si loin, Directoire : ma plume vous épargne les frais du voyage : jetez les yeux sur Rochefort, sur la grande Nation, sur vous-mêmes, et prononcez.

Daignez donc, pour un moment, écarter et votre grand sabre, et vos chaînes, et vos espions, et vos bourreaux, et vos valets, et vos états-majors, et vos faisceaux, tout cet appareil de la liberté française ; pour examiner ensemble, sous le rapport de la constitution, de la justice, de l'humanité, sous le rapport de la politique, du salut public, du sens commun même, s'il est possible de justifier ces épouvantables mesures.

Un décret, me dites-vous d'abord, les condamne, et nous exécutons le décret.

Un décret !... Hé bien soit ; mais ce décret ne frappe point le plus grand nombre ; il a désigné les victimes et ne généralise point ; et ce décret fait dans l'*Œil de Bœuf*, écrit avec des bayonnettes, en quel temps, en quel lieu, par qui fut-il demandé ? à quelle majorité a-t-il été rendu ?

Un décret !.... Hé bien soit ; mais appelez-vous un décret ce qui sape la constitution dans sa base ? Et s'il existoit un décret semblable, le législateur qui l'auroit rendu mériteroit le dernier supplice ; la constitution, disiez-vous, ne fut fondée que pour détruire la tyrannie?

Mais la loi naturelle, antérieure à la constitution, la sainte voix de la nature vous crie, que dans tous les temps, dans tous les lieux, l'innocence est sacrée; et la loi positive, que le criminel même ne peut être puni sans avoir été jugé; autrement la société seroit dissoute par le droit, s'il périssoit dans l'état un seul criminel sans ces formes protectrices: quel intérêt pourroit maintenir le peuple en corps, si le but de la société, qui est de préserver de l'injustice chacun de ses membres, est manqué, si ces conventions fondamentales sont enfreintes?... Mais à qui, grand Dieu! vais-je dire cela?

Supposons même que vous êtes les simples exécuteurs du décret; vous ne pourriez, je le repète, ne l'appliquer qu'à ceux qu'il a nommément désigné; il vous faudroit encore renvoyer les autres devant les tribunaux:

Ils étoient criminels, me direz-vous; mais redresser encore les échafauds! du sang! toujours du sang! Ces mesures barbares révoltent notre sensibilité, et pour les arracher au supplice, à un supplice mérité, nous les avons déportés.

Cœurs pitoyables, rassurez-vous. Mais il me semble que sans blesser cette sensibilité si vive! si profonde! vous pouviez les juger d'abord, et les déporter ensuite ? j'entends, dans la crainte d'être cruels, vous aimez mieux être injustes.

Et si quelques-uns de ces malheureux préférant l'honneur à l'existence, vous disoient : « N'est-ce pas avoir déjà perdu la vie que d'être obligé de la recevoir ? Votre clémence n'est que de la perfidie ; en nous mettant un baillon à la bouche, vous avez tremblé que la vérité, la terrible vérité ne jaillît de nos cœurs : dépouillez-vous de cette fausse pitié : reconnu coupable je vous demande la mort ; mais ne m'arrachez pas de l'autel de la justice que je tiens embrassé, de la constitution que j'invoque ; déportez ceux qui craignent de comparoître devant les tribunaux ; alors j'y consens, on louera votre clémence ; mais chasser de la patrie ! mais livrer aux horreurs de la déportation des citoyens qui vous demandent à grands cris des juges ! ! ! Ce n'est point là de l'humanité, c'est l'acte de la plus féroce tyrannie. » Voilà sous le rapport de la justice.

Alors qu'on fonde une république, ajoutez-vous, dans la chaleur des factions, dans le choc des passions volcaniques, souvent le conspirateur adroit et puissant sait échapper aux lois ; les balances de Thémis sont encore incertaines ; il faut qu'une main prudente et ferme sache à propos les fixer, il faut souvent jeter un voile sur les lois et la liberté, pour sauver la liberté et les lois, le salut public. . . .

Arrêtez, téméraires ; ne voyez-vous pas que vous frappez avec un poignard à deux tranchans qui doit vous blesser vous-mêmes ? Monmoro, Roberspierre, Collot-d'Herbois, Carrier, tenoient aussi ce langage, et jetoient un voile sur la statue de la Liberté, en dressant les échafauds. Cromwel répétoit sans cesse le mot république, en régnant pendant dix ans ; c'étoit par mesure de sûreté générale, que Traséas, Seneque, Soranus alloient au supplice sous Néron ; c'étoit par mesure de salut public qu'Anitus empoisonnoit Socrate ; comment finirent Néron, Carrier et Roberspierre ?

Non, vous n'ignorez pas que le prétexte du bien public est toujours le fléau le plus dangereux du peuple, et l'arme la plus odieuse comme la plus commode des tyrans : mais il me semble encore que la constitution devoit prévoir ces circonstances difficiles que vous nous peignez ; vous indiquer alors la route qu'il vous faudroit suivre ; et dans tout son contenu, dans ses trois cents dix-sept articles, je n'en vois pas un qui vous commande de violer cette constitution pour la conserver ; je ne vois pas encore, placés dans cette étrange situation, qui de vous ou du corps législatif devroit s'arroger cet effrayant pouvoir rien ne détruit si radicalement la constitution que d'en tirer un usage directement contraire à la fin pour laquelle elle est instituée ; car s'il existe dans l'état un pouvoir qui puisse aisément s'élever au-dessus de cette charte constitutionnelle, sous le dangereux prétexte de la faire observer ; qui l'empêcheroit donc aussi de l'anéantir ? Si vous n'êtes point des tyrans aujourd'hui, vous demanderoit-on, quel obstacle à ce que vous ne le soyez demain ? Qui ne voit pas que par le fait la constitution seroit détruite, qu'elle auroit manqué son objet ; et que vils insectes, indignes de la liberté, nous n'aurions tissu qu'une dégoûtante toile d'araignée ? Peut-on se jouer avec plus d'impudence de la nature humaine ? (1)

Ainsi, dans la décadence de la république Romaine, l'on vit le sénat avili remettre le salut de l'état et de la constitution entre les mains d'un petit nombre, ou d'un seul ; fallut-il combattre Sertorius ? on en donna le pouvoir à Pompée ; fallut-il faire la guerre à Mithridate ? tout le sénat cria Pompée ; fallut-il créer le pouvoir ju-

(1) Le gouvernement de Rome fut admirable, en ce que depuis sa naissance sa constitution se trouva telle, soit par l'esprit du peuple, la force du sénat ou l'autorité de certains magistrats, que tout abus du pouvoir y put toujours être réprimé.

Montesquieu.

diciaire? on en chargea Pompée; lever l'impôt? disposer des biens des proscrits? on en chargea Pompée; Pompée du moins vouloit bien entendre encore l'ordre du sénat : « Je crois bien, » disoit le grand Caton, que le directeur Pom- » pée aimera mieux assurer votre liberté et vos » lois, qu'affermir son pouvoir et la tyrannie; » mais il y a eu un temps, Romains, où chacun » de vous avoit la protection des lois, et non la » protection d'un homme, où il étoit inoui » qu'un mortel pût donner ou ôter de pareilles » choses. » Voilà sous le rapport du salut public.

Je suppose un moment que vous soyez des tyrans, d'affreux tyrans! alors je ne vous parle plus de lois, de constitution, de liberté; nous sommes tous esclaves, et vous commandez à la France asservie.

Hé bien, on peut être un tyran et cependant raisonner juste, au moins pendant quelque temps. Cet énorme pouvoir que vous auriez envahi annonceroit un grand caractère, un esprit vaste et des âmes d'une certaine trempe.

S'il en étoit ainsi, d'après cette idée reçue que celui qui peut tout n'a point d'intérêt d'être injuste, vous ne voudriez pas commettre des crimes inutiles; Attila étoit craint, mais n'étoit point haï; seroit-il d'une bonne politique, quand vous avez besoin de vous gagner les cœurs, d'envoyer en exil des vieillards, des êtres foibles et peu dangereux dont les douleurs sont ressenties par vingt mille familles ? Est-il d'un grand caractère d'opprimer la foiblesse ? de persécuter la vieillesse ? Les flèches d'Hercule ne frappoient que le lion de Nemée ; les cent bras de Briarée ne brisoient que les rochers. Quand tout vous obéit, quand un continent tout entier frémit sous votre puissance, quelques hommes vieillis dans leur croyance, flétris par d'aussi longues infortunes, sans pain, sans asyle, sans patrie, n'ayant d'autre consolation que leur conscience, d'autre espoir que le ciel, sont-ils dangereux pour les vainqueurs du monde ? Déjà les deux tiers de ces malheurenx ont péri par le fer, le feu et l'eau ; et lorsque le chef de l'église catholique, précipité du capitole, est errant dans le monde chrétien sans qu'il se lève un bras pour le défendre, pouvez-vous redouter encore les restes mutilés de ses ministres ?

Et pourquoi, si telle est votre invincible haine que vous vouliez les chasser de leur patrie ; pourquoi, hommes si compatissans, les envoyer à une mort certaine, sous un climat empoisonné ? Que ne leur ouvrez-vous les portes de l'Europe ? Fixez un terme à leur retraite : épars sur le continent, ils ne sont plus à craindre ; ils trouveront des hommes religieux et des cœurs hospitaliers qui accueilleront leurs misères. Ce sont des fanatiques, dites-vous ? Et l'athéisme, répondez, n'a-t-il point aussi son fanatisme ? Barbares ! faut-il les tuer ces fanatiques ? Ne sont-ils pas des Français ? Ne sont-ils pas des hommes ? Vos bras depuis huit ans d'un si cruel exercice ne sont-ils pas fatigués !

Hélas ! sont-ils dangereux des fanatiques que j'ai vus prier pour leurs bourreaux ! ! !

Et quand la mer semble les repousser sur nos rivages, quand le ciel et la terre s'intéressent à leur sort ; serez-vous moins généreux que les anglais, qui, s'ils eussent été dernièrement vainqueurs, auroient brisé leurs fers ? Laisserez-vous cet inappréciable avantage à vos ennemis, de faire croire à l'Europe que le sort de tant d'innocentes victimes les émeut plus que vous ? que plus que vous ils pratiquent envers leurs ennemis mêmes les saintes lois de l'humanité ? forcerez-vous tant de cœurs vraiment français, tant de bons citoyens, tant de familles à qui ces malheureux appartiennent, de former en secret des vœux impies pour que l'anglais triomphe, puisque du succès de ses armes dépend la vie de ce qu'ils ont de plus cher au monde ?

Que si cette pensée ne fixe point votre attention, que si vous ignorez que de la pitié découlent toutes les vertus sociales ; que les hommes ne seroient jamais que des monstres, si la nature ne leur eût donné ce généreux sentiment à l'appui de la raison, je n'ai plus rien à vous dire, et mes efforts sont superflus.

Ah ! si vous voulez propager votre doctrine régénératrice, et si vous voulez le bonheur du monde, n'offrez donc point à ce monde néophyte le spectacle de votre patrie malheureuse (1) ! et lorsque vous vous avancez à pas de géant à la destruction des empires, vous verra-t-on proclamer la liberté, s'il n'est pas un français qui n'ait cent livres de fer ? l'humanité, si vous nous fusillez ? la justice, si vous nous condamnez sans jugement ? la constitution, si vous la foulez aux pieds ? le respect des propriétés, si vous sequestrez nos biens ? la liberté des cultes, si vous les supprimez tous pour n'en conserver qu'un seul ; et quel culte ! la liberté de penser, si vous étouffez ma pensée ? et les droits du genre humain, si nous avons perdu tous nos droits ?

---

(1) De tous ceux qui ont désolé la terre, il n'en est aucun qui, à l'en croire, n'en voulût assurer le bonheur. Défiez-vous de quiconque prétend rendre les hommes plus heureux qu'ils ne veulent l'être. C'est la chimère des usurpateurs et le prétexte des tyrans : ceux qui fondent un empire taillent dans un peuple comme dans un marbre, sans en regretter les débris.

Bélisaire.

Vous vous rendez redoutables ? mais ignorez-vous que cette gloire vous est commune non-seulement avec le tigre, mais encore avec la vipère ? Vous commandez aux français ? mais un pâtre gouverne ses troupeaux, et n'est que le dernier des hommes : cherchez donc à régner sur des hommes.

Non, je le sens à mon cœur, je le vois à la douleur générale, la France entière n'est pas dans Paris, l'universalité des citoyens dans vos états-majors ; le bonheur et l'approbation générale dans le bonheur et l'approbation de vos fournisseurs : vos victoires sont brillantes, la foudre aussi ; mais le temps doit-il les consolider ? est-il durable un ciment de sable et de sang ? Déjà vous avez entendu à Rome les paroles des soldats de César (1). Vous abattez avec un art admirable ; mais on peut détruire la maison de ses voisins, et cependant finir par coucher dans la rue. « Quel bien vous reviendra-t-il de la conquête du monde, » disoit Cynéas à Pyrrhus ? Quel bien ? de le conduire sous une fenêtre ; une femme lance une tuile, et lui casse la tête.

Mais je me trompe, la tuile est loin encore ;

(1) Liceat discedere, Cæsar
A Rabie scelerum ; quæris terrâ marique
His ferrum jugulis. Animas effundere viles,
Quo libet hoste, paras. *Lucan.*

je vois graver sur vos étendards et sur le sabre de vos généraux :

> Pectore si fratris gladium juguloque parentis
> Condere me jubeas gravidæque in viscera partu
> Conjugis, invita per agam tamen omnia dextra.

POUR moi, que ni le sabre de vos satellites, ni vos tortures, ni vos chaînes, ni vos bourreaux ne sauroient intimider, et qui ne craignis jamais dans cette révolution que Dieu et ma conscience, je vais maintenant changer de style, et vous faire entendre encore une fois, au milieu de ce silence aussi lâche qu'il est universel, les mâles accens d'un homme libre et d'un ami de la vérité.

C'est auprès du tombeau de mon père, du berceau de mon fils, au sein de ma famille, environné de mes concitoyens, sous le ciel de ma patrie, à l'aspect de mes foyers, de mes dieux domestiques; c'est la constitution à la main, et l'innocence au fond du cœur; c'est, échauffé, embrasé à l'aspect de ces objets sacrés, sous la garde de la Justice et de la Liberté, mes divinités tutélaires, que je me présente devant vous, Directeurs.

Je suis citoyen : à ce nom respectable, si tout

sentiment de pudeur n'est point éteint dans vos âmes, à ce nom sacré, devant ce cortège auguste dont je m'environne, qui vous annonce tous mes droits et vous rappelle tous vos devoirs, je vous somme de m'entendre.

La révolution du dix-huit Fructidor est consommée; la représentation nationale de cinquante-neuf Départemens, qui composoient la majorité du corps législatif, est anéantie; cinquante-deux Députés sont condamnés par décret à la déportation; vous régnez.

Je n'examine point ici si ce jour est heureux ou funeste, si ces proscrits étoient innocens ou criminels; mais comme en me faisant républicain, je n'ai point prétendu renoncer au sens commun; obligé de choisir, pour avoir des idées nettes, entre ceux-là qu'on accuse sans les entendre, d'avoir voulu renverser la constitution, et ceux-ci qui la violent avec audace, pour la conserver, disent-ils; entre le soupçon léger et mal éclairci qui plane sur les premiers; et l'action matérielle évidente, démontrée, qui dépose contre les autres; entre cette minorité du corps législatif qui détruit par le fait; et la majorité accusée seulement de le vouloir : obligé de choisir enfin entre ces proscrits, qui ayant la mort sous les yeux, en cas de non succès dans leur entreprise, ayant aussi de grands moyens d'opposition et de défense, se sont cependant laissés vaincre sans efforts, sans résistance, en invoquant cette constitution qu'ils vouloient, disoit-on, anéantir; et de l'autre côté, les oppresseurs, cuirassés d'impudence, bardés de bayonnettes, dédaignant les lenteurs de la justice, et proscrivant leurs victimes en masse; on peut sans inconséquence, on peut, sans être soupçonné d'être un mauvais citoyen, suspendre au moins son jugement.

Mais quelle que soit sur ce sujet l'opinion générale, qu'y avoit-il de commun, hommes de bonne foi, entre ces prétendus conspirateurs et moi? entre les représentans du peuple, chargés d'une grande responsabilité, et un écrivain publiant ses pensées sous l'égide des lois, pour m'inscrire sans pudeur sur la liste des proscrits?

Et comment ce décret injuste même dans sa clémence prétendue, atténuant le châtiment quand il s'agit d'un crime capital, n'a-t-il prononcé que la déportation pour le plus grand des crimes au terme de la charte constitutionnelle?

Hé bien! cette avilissante compassion, cette pitié que la constitution vous défend, que vous n'avez pas le droit d'usurper, répugne à mon indépendance; et comme je veux que ma mort, si je l'ai méritée, soit utile à mes concitoyens, et effraie les conspirateurs qui seroient tentés d'imiter mon exemple, je viens devant la France entière vous demander des juges: osez me les refuser.

Est-ce

Est-ce comme écrivain qu'il faut descendre à me justifier ? Est-ce un conspirateur qu'un juste décret repousse de la patrie ?

Couvert encore des humides vapeurs des cachots du tyran ; lequel ? De Roberspierre, citoyens Directeurs, je pris la plume, encouragé par le vœu général et par les vôtres mêmes pour lutter contre l'assassin, briser les échafauds qui menaçoient de s'élever encore ; et dans ce combat inégal, où je faillis souvent d'être la victime ; au sein de la plus effroyable anarchie, la hache étincelante sur ma tête ; dans le moment où nous n'avions des lois que le caprice insolent et sanguinaire d'un comité de sûreté générale ; je n'essuyai cependant que des persécutions sourdes, des lettres de cachet lancées d'une main timide, tant ces tyrans respectoient encore la liberté de la presse.

Votre constitution paroît enfin, et cette liberté de publier ses pensées, consacrée déjà dans les deux premières, l'étoit cette fois plus spécialement encore ; en effet, qu'auroient donc été les bienfaits de la révolution, si nous n'eussions acquis par elle le premier de tous les biens, la liberté de la presse, la liberté la plus illimitée sans laquelle il n'est point de liberté politique ? Car, et ce seroit en vain que vous voudriez le nier, elle avoit déjà sous les rois la plus grande latitude ; ce fut sous les rois que parurent sans danger pour leurs auteurs les écrits précurseurs de la révolution, les écrits d'autant plus funestes à leur autorité, qu'enfantés par des grands hommes, leur empreinte sur les cœurs en devenoit plus ineffaçable ; des écrits tellement hardis enfin, que malgré votre hypocrisie de liberté ; si de votre règne, il en paroissoit de semblables ; leurs auteurs (1), ainsi que moi proscrits, seroient sans cesse dans les prisons ou sur les échafauds.

Je pouvois donc raisonnablement espérer qu'enfin cette liberté, nous l'avions payée par trop de sacrifices, pour appréhender de jamais la perdre. Pendant deux ans j'écrivis sous la protection des lois ; bientôt la tyrannie impatiente du joug prononça le décret du vingt-neuf Germinal, qui de nouveau circonscrivit la presse dans des limites sévères ; quelque fût cependant toute la rigueur de cette loi de sang, votre empressement à la faire observer, les affreux châtimens qui frappèrent plusieurs écrivains ; telle fut dès-lors ma circonspection poussée jusqu'au scrupule, que votre décret ne put m'atteindre.

---

(1) Je suis persuadé qu'un écrivain publiciste qui s'aviseroit de copier littéralement telle page de tel auteur prôné par nos philosophistes, et qui les donneroit pour être de sa Minerve, seroit à l'instant déporté. Heureux Arouet, heureux Jean-Jacques, heureux Montesquieu, de n'avoir point écrit l'an 6[eme.] de la république, vous seriez aujourd'hui à bêcher la terre avec Pichegru sur les côtes de la Guyanne !

Pourquoi donc dans un si long intervalle avez-vous gardé le silence? pourquoi n'éprouvai-je point de votre part, si mes écrits étoient criminels, un seul acte de sévérité qui m'en instruisît? Vous étiez abonnés à mes feuilles, vous les lisiez avec la plus scrupuleuse attention; soyez de bonne foi, hommes prévenus, en est-il une seule qui ne respire le plus ardent amour de la patrie, la haine la plus violente contre le crime, le respect le plus profond pour les lois, et la constitution, que j'ai pu, comme citoyen, discuter tant qu'elle fut soumise à l'examen; mais dont j'ai réclamé, une fois mise en vigueur, la plus religieuse observance?

Ne pouvois-je point encore, comme tant d'autres écrivains, si mes principes devenoient dangereux pour l'auteur, les publier sous l'anonyme? Et pourquoi cette conduite franche et généreuse tourneroit-elle contre moi? Ne devroit-elle point, en m'attirant les respects de tous les amis de la liberté, imposer du moins à ceux qui m'accusent plus de circonspection? Ne devoient-ils point penser qu'en agissant ainsi, c'est que je me croyois rassuré contre les périls, et par la pureté de mes vues, et par des raisons peut-être assez puissantes, pour convaincre ceux qui auroient voulu les entendre et procéder contre moi juridiquement; cette conduite, dit Rousseau, est à-la-fois celle d'un bon citoyen et d'un homme d'honneur, qui regarde comme la plus criminelle lâcheté de publier des écrits qu'on ne veut pas avouer.

Vous attendiez donc le moment où les lois seroient muettes devant votre pouvoir; vous attendiez donc le *dix-huit Fructidor* pour confondre dans un même anathême l'écrivain et le législateur; pour frapper de mort civile celui que la loi couvroit depuis trois ans de son égide; car, vous demandera tout homme impartial, s'il étoit coupable, pourquoi si long-temps l'avoir épargné? Et s'il est innocent, pourquoi le frappez-vous?

> Si malè locutus sum testimonium perhibe de malo,
> si autem benè, quid me cædis?

Ce n'étoit pas non plus pour suspendre ma plume à l'avenir que vous en agissiez ainsi: vos réglemens de police qui soumettent aujourd'hui à l'inspection du bureau central (1), en les plaçant sur la même ligne, et le journaliste, et la fille publique, et les boues de Paris, répugnoient trop

---

(1) Après les comités révolutionnaires, et les commissions militaires; un des actes les plus monstrueux du despotisme, dans cette révolution, est l'établissement des bureaux centraux sur tous les points de la France; les hommes qui les composent, la plupart des petits Busiris à livrée, joignent au plus sourd comme au plus effroyable brigandage, le plus odieux despotisme, d'au-

à la dignité de moi-même, pour que je voulusse me dégrader en publiant mes écrits (1).

Mais pouviez-vous me punir d'avoir cru à la liberté ! d'avoir cru à la justice ! Pouviez-vous me punir d'avoir eu confiance en vos lois, en leur sincérité, en la vôtre ! puisque pour les affermir et les répandre je vous voyois tourmenter la

---

tant plus intolérable, qu'il n'est exercé que par des bêtes féroces. Le pouvoir des administrations municipales, départementales, de la constitution même, est nulle devant le pouvoir de ces petits tyranneaux ; j'ai entre les mains plusieurs arrêtés de ces bureaux centraux, je les rendrai bientôt publics ; ce sont des monumens de stupidité, de démence, d'immoralité, de servitude et d'ignorance. O sainte Liberté ! tu ne descendras jamais parmi nous !

(1) Il faut l'avouer, les gens de lettres ont trop oublié la dignité de leur état, et leurs éloges prostitués au crime heureux, ont fait de grands maux à la terre : ce silence universel des gens de lettres seroit lui-même un jugement terrible, si l'on étoit accoutumé à les voir se réunir pour rendre un témoignage éclatant aux actions vraiment glorieuses. Que l'on suppose ce concert unanime, tous les poètes, tous les historiens, tous les orateurs se répondant alors des extrêmités du monde. Qu'il paroisse alors un homme injuste, violent, ambitieux, cruel ; quelque puissant, quelqu'heureux qu'il soit, les organes de sa gloire seront muets, la terre entendra ce silence ; le tyran l'entendra lui-même, et il sera confondu. Je suis condamné, dira-t-il, et pour graver ma honte en airain, on n'attend plus que ma chûte. (*Bélisaire.*)

terre entière? Pouvois-je penser, lorsque dans vos préliminaires de paix avec les rois que vous aviez vaincus, vous réclamiez avant tout la liberté de plusieurs de leurs sujets qu'ils avoient plongés dans les prisons pour les punir de leurs opinions politiques, pouvois-je penser qu'on vous verroit pour les mêmes motifs opprimer les vôtres? Songez-vous que le premier cri qui s'élévât dans la révolution fût pour la liberté de la presse? Songez-vous que la première base de vos trois constitutions est la liberté de la presse? Et ce seroient aujourd'hui les plus opiniâtres champions de cette liberté indéfinie qui en deviendroient les ennemis mortels! Pourriez-vous sans honte offrir un exemple d'une apostasie plus infame, d'une abjuration plus évidente de tous les principes! Voilà sans doute un grand moyen de rassurer contre la girouette de vos opinions, ces mêmes peuples que vous prétendez vaincre autant par votre raison supérieure, que par vos armes? Ne suis-je pas, dans l'anathême qui m'a frappé, un exemple effrayant pour les hommes crédules qui seroient tentés de croire à vos lois, de les aimer, de les invoquer? Ces lois, cette constitution, semblables à des dieux d'argile, s'écroulent au moment qu'on leur présente de l'encens, pour écraser les prêtres et les adorateurs! prenez garde, citoyens Directeurs; soyez féroces, j'y consens, mais ne soyez pas stupides, vous tomberiez dans le mépris ; et certes ce mépris vous tueroit plus sûrement que la haine ; car mes feuilles si long-temps accréditées déposent en faveur de leur auteur ; elles sont sous les yeux de vingt millions d'hommes, et si vous ne prouvez à l'Europe entière que ce n'est point comme écrivain que vous m'avez inscrit sur la liste des proscrits ; je vous le dis à regret, loin de passer pour de sages législateurs et d'habiles politiques, le tigre de la Lybie paroîtra moins stupide et moins féroce.

Lecteur, que la justification d'un innocent fatigue peut-être ; ah ! ce n'est pas de moi dont il s'agit : mais la justice ! mais la liberté ! mais vos droits ! mais les droits de l'homme que je défends en défendant les miens ; voilà, qui que vous soyez, ce qui n'est pas au-dessous de vous. Je reviens.

Il ne reste donc, Directoire, à votre impuissance, que de prouver que je suis un conspirateur : voyons comment vous y prendrez-vous.

Les deux puissans mobiles d'un conspirateur sont la soif des richesses et l'ambition des grandeurs : sans doute que dans l'argot du jour, vous me présenterez à l'Europe comme un écrivain soudoyé par l'étranger, chargé de dignités futures par les rois ; vous ne manquerez pas de faire la nomenclature de mes richesses, et les nombreux scellés apposés sur mes nombreux domaines et ma belle maison d'Albe ; vous publierez mes correspondances multipliées ; les nuées d'agens qui m'environnoient, des lettres interceptées, des voyages secrets, des sommes énormes données ou reçues, des dépositions de témoins ; et dans cet amas prodigieux de conspirations entassées dans vos magasins, les chefs des différens partis auront, je n'en doute, prononcé mon nom ; songez qu'il le faut pour votre intérêt même ; que ces preuves, que ces mesures préliminaires sont essentielles.

Je parcours ces montagnes d'écritures, je retourne toutes vos cases de conspirations ; je lis vos différentes proclamations, cette multitude de pièces vraies ou supposées, publiées par vos ordres ; et pas une fois, une seule fois dans ces pièces, dans ces écritures, dans ces proclamations je n'y vois mon nom proféré ; mes vastes domaines, sans doute, moins brillans que les vôtres, sont à-peu-près les modestes sabots d'Ésope, sur lesquels, cruels que vous êtes ! vous avez encore incrusté le scellé ! un arpent de terre suffiroit pour me nourrir, comme une toise suffit pour m'enterrer ; mon honneur et mes places, c'est de n'être point parvenu aux places et aux honneurs ; et il y a long-temps que, retiré sous mon chaume, et de là contemplant la hauteur mobile du palais Luxembourg, je me disois : « avec du pain et de l'eau,

» je suis peut-être au-dessus de ces gens-là ».

Si mon âme a conçu l'idée d'un sentiment différent de ceux que je développe ici, je le répète, il en existe quelques traces ; hé bien ! produisez-les donc au grand jour, couvrez-moi de confusion, car une mer d'opprobre doit déborder ou sur vous ou sur moi : il n'y a point entre nous d'intermédiaire ; il faut que je sois un traître, ou que vous soyez des tyrans.

Que les députés victimes de la journée du dix-huit Fructidor soient, d'après le droit canon et vos démonstrations mathématiques, des conspirateurs royalistes, je vous dirois encore ; s'ils étoient royalistes, comme vous le prétendez, si Louis XVIII présidoit les élections ; comment ne m'ont-ils pas assis dans leur rang ? m'auroient-ils dédaigné ? alors pourquoi me persécutez-vous, moi homme obscur et si peu dangereux ? Mais pouvoient-ils dédaigner celui qui avoit prévu les événemens d'une manière si précise, si évidente (*) ; celui qui annonçoit il y a dix-huit mois le *dix-huit Fructidor ;* celui qui a toujours eu un an d'avance sur l'opinion publique ; celui qui pourroit dire ce que vous ferez demain ? Si je ne suis pas député, ils ne sont donc pas royalistes, et si je suis royaliste, pourquoi n'étois-je pas député ? Si de même je suis un conspirateur,

---

(*) Lisez le N°. XXVIII de l'Accusateur Public.

cet oubli dans lequel ils m'ont laissé prouveroit qu'ils ne le sont pas, et parle hautement pour eux.

Craignoient-ils de le paroître conspirateurs en me plaçant sur cette chaise curule si fragile, si vermoulue, et toujours si enviée ? Mais comment concilier cette prudence si étonnante à cette époque, cette précaution si puérile de leur part, avec leur conduite depuis, si pleine de sécurité !

Hé ! si ma conscience eût été sur la place, vous le savez mieux que moi, croyez-vous qu'elle auroit manqué d'acheteurs ? Si ma simplicité personnelle, ma profonde aversion pour de si odieuses intrigues, mon horreur pour ces sanglantes fortunes, et tous les objets de convoitise, ne m'avoient fortement attaché à ma solitude ; ou bien si j'avois voulu un moment dissimuler, ne pouvois-je pas ramper sous la peau du serpent pour m'élever jusqu'à vous, et prendre ensuite celle du lion pour vous déchirer ? Ne pouvois-je pas quitter habilement ce que vous appelez un parti vaincu, et qui n'est cependant que l'union de la vertu, de la raison et des principes ? sans doute je jouerois un rôle moins honorable, mais aussi plus brillant ; placé maintenant à vos côtés, bercé par vos caresses, nous trinquerions voluptueusement ensemble à la ruine, ou si vous l'aimez mieux, à la régénération du genre humain, qui certes vous rendra des actions de grâces un jour ; et quand je vois des brutes qui n'ont d'autre avantage pour s'élever en dix minutes, que la plus servile bassesse et l'immoralité la plus profonde ; lorsque même la naissance, au moment qu'on en faisoit un crime, n'est point un obstacle à vos yeux, et qu'il ne faut que changer son nom en celui de Crispin ou de Mascarille, et endosser la livrée, j'aurois pu à pareil prix grimper en boitant sur ce fumier d'honneurs, et singer hideusement tout comme un autre Richelieu, d'Ossat ou Turenne.

Disons, avec douleur, une terrible vérité ; si dans chaque parti il eſt quelques hommes qui rêvent leurs chimères, et voient sincèrement dans leurs opinions politiques le bonheur de leurs semblables : la plupart, dévorés d'une ambition ridicule, d'une basse jalousie, d'une effroyable cupidité, dévorés de tous les vices des petites âmes ; sans étoffe, sans caractère, portés plutôt par les événemens, qu'ils ne savent les diriger, ne pensent qu'à leur intérêt personnel : la patrie n'est qu'une dépouille, leur uniforme qu'une branche de commerce, leurs places qu'une boutique, et je n'ai point encore vu ni un royaliste ni un républicain.

Ah ! si j'avois été un conspirateur, qui doute un moment que celui qui présageoit les événemens ne pût aussi les prévenir ? je vous dirois comme Cicéron à Antoine : « mettez-moi un

» moment dans ce nombre de conjurés ; mais » je n'appréhende qu'une seule chose, c'est que » vous ne puissiez en donner des preuves ; car » si j'eus été de ce parti, j'aurois chassé de la » République non-seulement les tyrans, mais la » tyrannie ; si j'eus été auteur de la pièce, je ne » me serois pas contenté de faire un seul acte, » j'aurois achevé toute la tragédie. *Tu vero ad* » *scribe me talem in numerum : sed unam rem* » *vereor ne non probes : si enim fuissem non so-* » *lùm tyrannos, sed tyrannidem etiam de Repu-* » *blicâ sustulissem ; et si meus stylus ille fuisset* » *ut dicitur, mihi crede, non solùm unum ac-* » *tum, sed totam fabulam confecissem* ».

Ah ! si j'avois été un conspirateur ! . . . . Mais je m'indigne de prononcer plus long-temps ce nom odieux. Directoire, vous pouvez révolutionner l'Europe, que vous ne changerez jamais au cœur de l'homme le sentiment du juste et de l'honnête ; que jamais vous ne persuaderez à vos concitoyens qu'il étoit conspirateur à sa patrie, Decius lui sacrifiant sa vie, Fabius son honneur, Camille ses ressentimens. Et l'homme de bien, après avoir lu mes feuilles, se rappellera le mot sublime de ce grenadier d'Angoumois, qui revenant de la tranchée à travers une pluie de boulets, disoit au grand Condé, lequel lui offroit cent louis pour le récompenser de sa bravoure : *On ne va point là pour de l'argent, monseigneur.*

Ainsi donc comme écrivain je devois être invulnérable. Comme conspirateur ? Il falloit en offrir les preuves, et sous tous les rapports, innocent ou criminel, je devois être entendu.

Et vous voudriez maintenant que je reconnusse la volonté nationale, la voix de la constitution, celle du corps législatif dans le décret qui me proscrit ! Comment deux foibles fractions des deux conseils se disant fièrement les représentans de trente millions d'hommes, ces transfuges environnés de bayonnettes, désertant le sanctuaire des lois pour se réunir à l'improviste dans une école de chirurgie, et mutilant les citoyens comme les cadavres dissequés dans ce moment sous leurs yeux, appelleront décret cet acte de la plus exécrable tyrannie !!! Ils auront le pouvoir et le droit d'arracher un innocent, un Français, un citoyen, un homme libre, à ses autels, à sa patrie, à sa famille, à ses foyers ; de violer la loi divine, la loi naturelle, la loi positive, de déchirer, sacrilèges qu'ils sont, non-seulement la constitution, mais le contrat social qui unit tous les hommes !!! Impuissance du langage et des signes! ô foiblesse humaine, qui m'ôtes la faculté de caractériser un semblable forfait ! Reconnoître une loi semblable, ah ! ce seroit mériter mon sort : je puis braver la mort ; mais l'infamie, Directoire ! ne l'espérez jamais, et je sens aux transports qui m'agitent, que Dieu grava au cœur de l'homme le sentiment de la justice, de la liberté et l'amour de la patrie.

Quel que soit cependant cet ardent amour pour elle, et les douleurs que j'éprouve à m'en séparer, il faudra bientôt choisir entre un exil volontaire ou la mort, si je demeure plus long-temps dans son sein ; mais tel est votre épouvantable ascendant, que par-tout vos alliés sont vos complices ; insensés qu'ils sont ! en foulant aux pieds pour vous complaire toutes les lois de la nature et de l'équité, d'espérer de leur patience et de leurs bassesses quelque délai aux misères dont ils sont menacés.

C'est vous, cruels, qui allez me contraindre aujourd'hui à chercher mon tombeau dans des contrées ennemies ; tel est votre despotisme, que pour éviter la mort il me faut devenir criminel. Pardonnez, ô mon pays ! Pardonnez, ô mes concitoyens ! ce n'est pas moi qui suis coupable ; ce sont eux, ce sont vous ; vous tous qui me délaissez, vous pour qui j'ai souffert tous les genres de tourmens, de si longues agonies ! vous pour qui j'aurois voulu mourir, si la mort d'un citoyen obscur pouvoit contribuer à votre félicité. Non, ce n'est pas moi qui abandonne la patrie, non, ce n'est pas moi : c'est la patrie qui m'abandonne.

Que du moins cet écrit, monument authentique, dépose en tous les temps pour moi : *Vide si est dolor sicut dolor meus.* Depuis neuf ans, placé sous la hache des bourreaux, il ne s'est point passé de jours, où ma liberté, ma vie n'ait été compromise ; et depuis neuf ans je n'ai point quitté la patrie ! Proscrit enfin sans avoir été entendu, je fuis chez les Suisses ; mille autres états m'étoient ouverts : dans mon aveuglement je préfère encore un pays neutre, une nation amie, un allié de quatre cents ans ; mais toujours constant dans sa haine et dans le système habile d'avilir d'abord aux yeux des peuples le gouvernement qu'il veut détruire ensuite ; le Directoire, en couvrant de fange les *Magnifiques* de Basle, m'arrache de ma retraite ; l'on me fait traverser la France sous la garde de nombreux satellites, pour me plonger dans les cachots de Rochefort, et m'envoyer périr dans les marais de la Guyanne.

Je brise mes fers, je suis libre... Je puis fuir encore, l'Europe m'est ouverte; sans être Coriolan, je trouverois cependant quelque part un général des Volsques : .... eh bien ! je m'arrête attendri sur cette terre ingrate, qui ne m'a prodigué que des tourmens; je tombe à genoux, en le baignant de mes pleurs, sur ce sol de bitume qui peut à tout moment m'embraser ; je m'écrie comme Gavius sous les fouets du préteur Verres, *clamabat ille miser se civem esse romanum ;* je m'écrie : « Je suis citoyen français ! » Ne violez pas envers moi les lois de la terre et du ciel ; placez-vous un moment dans ma situation terrible ; et si, comme moi, vous étiez innocent, vous répéteriez aux bourreaux : « Je suis citoyen français ». Rendez-moi donc à la constitution, rendez-moi donc à mes juges naturels, et je prends l'engagement devant la France entière de me présenter à l'instant aux pieds du tribunal.

Que si mes instances et mes cris sont superflus ; que si vous dites comme le lion de la fable au moucheron : *va-t'en*, *chétive insecte*, etc. etc. ; alors « j'abandonnerai cette terre homicide : en rompant les liens qui m'attachent à ma patrie, je les étendrai davantage sur le genre humain ; en cessant d'être citoyen, j'en deviendrai d'autant plus homme », et tous mes efforts, Directeurs, seront d'atteindre au moins à la gloire du moucheron.

www.ingramcontent.com/pod-product-compliance
Ingram Content Group UK Ltd.
Pitfield, Milton Keynes, MK11 3LW, UK
UKHW020213200726
13856UKWH00004B/1374